Le Blant

1891 Février 16

VENTE DU LUNDI 16 FÉVRIER 1891

Dessins Originaux

JULES LE BLANT

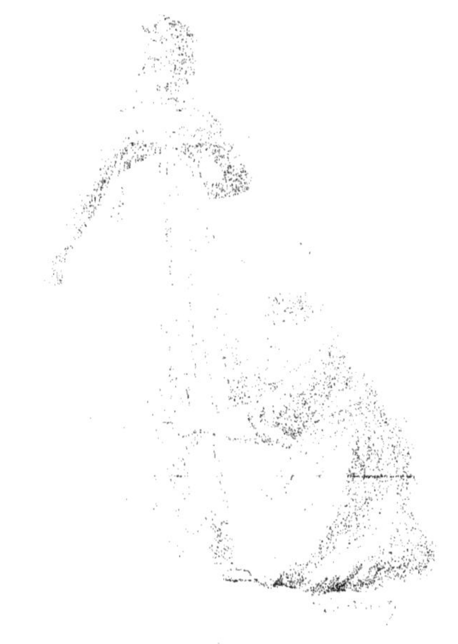

EXPOSITIONS

PARTICULIÈRE Chez M. Férali
54 faubourg Montmartre
Le Samedi [illegible]

PUBLIQUE
Le Dimanche [illegible]

DE UNE HEURE A CINQ HEURES ET DEMIE

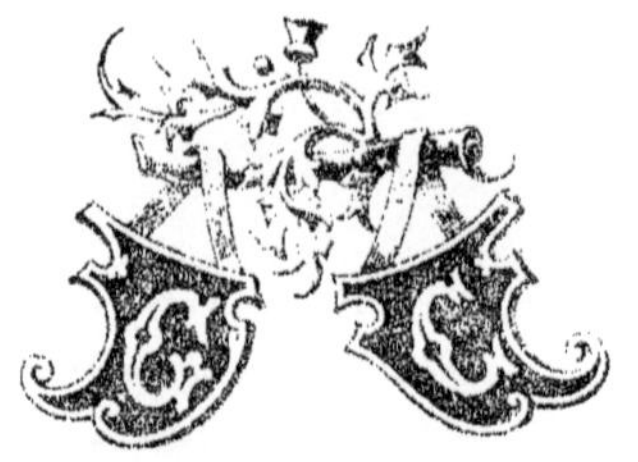

CATALOGUE

DES

Dessins Originaux

DE

JULIEN LE BLANT

AYANT SERVI A ILLUSTRER L'OUVRAGE

LES CHOUANS

PAR

H. DE BALZAC

DONT LA VENTE AUX ENCHÈRES PUBLIQUES AURA LIEU

HOTEL DROUOT, SALLE N° 5

Le Lundi 16 Février 1891, à 2 heures 1/2

EXPOSITIONS

Particulière : le Samedi 14 Février 1891,

Publique : le Dimanche 15 Février 1891,

DE UNE HEURE A CINQ HEURES ET DEMIE

COMMISSAIRE-PRISEUR :	EXPERT :
Me LÉON TUAL	**M. EUG. FÉRAL**, peintre
56, Rue de la Victoire, 56	*54, Rue du Faubourg-Montmartre, 54*

CONDITIONS DE LA VENTE

Elle sera faite au comptant.

Les acquéreurs payeront cinq pour cent en sus des enchères, applicables aux frais.

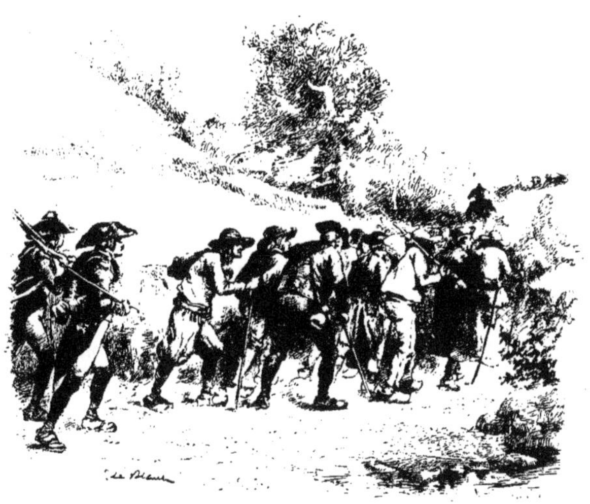

N° 10.

Dessins hors texte

1. *Le Bataillon carré.*

Mais le caractère des chouans comportait une intrépidité et une constance à toute épreuve: ils ne bougèrent pas, leur perte ne les ébranla point, ils se serrèrent, et tâchèrent d'envelopper la petite troupe noire et bien alignée des bleus, qui tenait si peu d'espace qu'elle ressemblait à une reine d'abeilles au milieu d'un essaim.

2. *L'Arrivée à l'hôtel des « Trois-Maures ». Mademoiselle de Verneuil et Francine.*

Les deux voyageuses, pour se dérober à la curiosité générale, entrent lestement dans la cuisine, où l'hôte se dispose à les suivre.

3. *Entretien de Madame du Gua et de Marche-à-Terre.*

Bientôt Francine aperçut madame du Gua se dirigeant vers Marche-à-Terre avec les précautions d'un chat qui ne veut pas se mouiller les pattes. En voyant cette dame, le chouan se leva et garda devant elle l'attitude du plus profond respect.

4. *L'Insulte. Madame du Gua et Mademoiselle de Verneuil.*

Madame du Gua s'élança sur sa rivale avec la rapidité de l'éclair : elle brisa, dans son aveugle emportement, les faibles brandebourgs du spencer de la jeune fille, surprise par cette soudaine irruption, viola d'une main brutale l'asile sacré où la lettre était cachée, déchira l'étoffe, les broderies, le corset, la chemise.

5. *L'Apparition.*

Mademoiselle de Verneuil marcha courageusement dans la direction de la maison, et vit les figures indistinctes d'une multitude qui fuyait à son approche en donnant les signes d'une frayeur panique.

6. *Bénédiction des Armes.*

Après que l'abbé Gudin eût terminé son prône, les paysans s'avancèrent et s'agenouillèrent, en offrant leurs fusils au prédicateur.

7. *Galope-Chopine.*

Galope-Chopine entendit deux hommes sautant le dernier des échaliers en enfilade, et insensiblement il vit, à travers un brouillard assez épais, des formes anguleuses se dessinant comme des ombres indistinctes. « C'est Pille-Miche et Marche-à-Terre! » se dit-il mentalement.

Et il tressaillit.

8. *Le marquis de Montauran et Mademoiselle de Verneuil.*

Marie alla tomber sur le sofa; le Gars se précipita aux pieds de sa maîtresse.

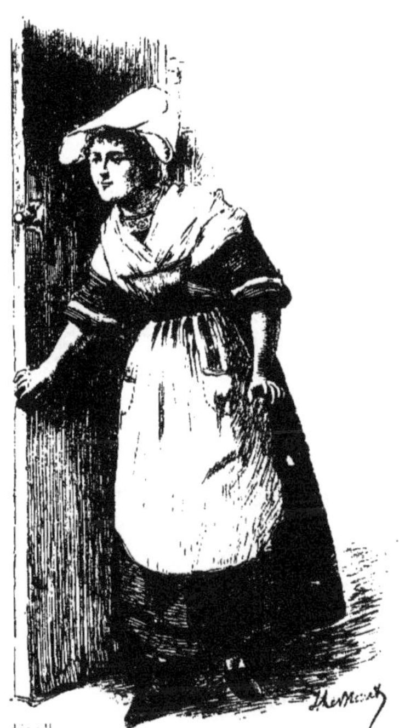

N° 40.

Dessins

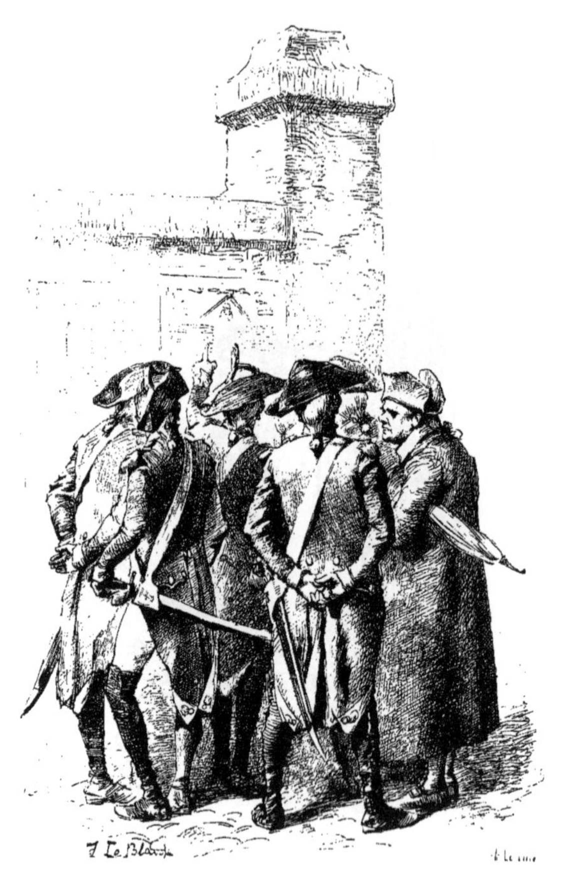

N° 27.

9. **Un chouan** assis sur une roche, son fusil sur les genoux, et disant son chapelet.

10. **Détachement** gravissant la montagne de la Pélerine, située à mi-chemin environ de Fougères à Ernée.

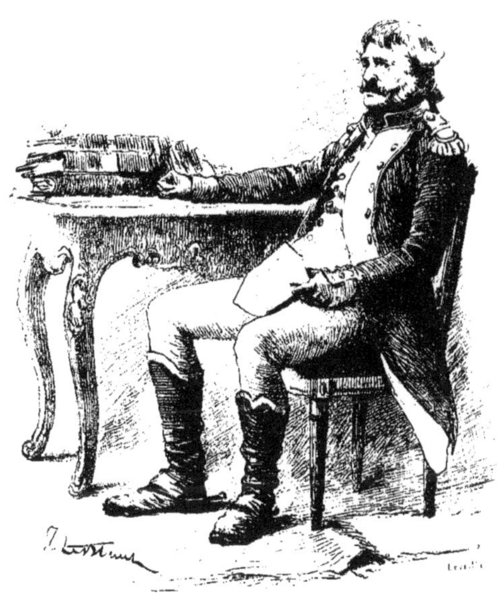

N° 11.

11. Le commandant Hulot.

12. **Marche-à-Terre** apparaît brusquement devant le commandant Hulot.

13. Marche-à-Terre s'assit tranquillement sur le bord du chemin, tira de son sarrau quelques morceaux d'une mince et noire galette de sarrasin, et se mit à manger avec une indifférence stupide.

14. Le commandant Hulot debout, vivement préoccupé.

15. L'adjudant Gérard observe Marche-à-Terre, prêt à lui passer son épée à travers le corps au moindre mouvement suspect.

16. Le commandant Hulot regarda tour à tour quatre hommes intrépides dont l'adresse et l'agilité lui étaient connues; il les appela silencieusement en les désignant du doigt.....; ils vinrent.

17. « Oh! il va y avoir du foutreau, dit à voix basse le sergent Beau-Pied, le commandant s'est frotté les mains. »

18. Avant qu'aucun de ses surveillants ne l'eût même couché en joue, Marche-à-Terre leur avait appliqué un coup de fouet qui les renversa sur la berme. Il disparut dans le bois, après avoir grimpé le talus avec la rapidité d'un chat sauvage.

19. Hulot, impassible dans la mêlée et l'œil à tout, remarqua bientôt parmi les chouans un homme qui, entouré comme lui d'une troupe d'élite, devait être le chef.

20. Deux soldats ajustèrent le chouan, dont les yeux fixes ne se baissèrent pas devant les canons dirigés sur lui, le tirèrent à bout portant, et il tomba.

21. Le jeune noble, assis sur une roche de granit, semblait absorbé dans les nombreuses pensées excitées par les difficultés que son entreprise présentait déjà.

22. La jeune dame (madame du Gua) revint en grande hâte vers les chouans. Elle laissa brusquement échapper un geste de dédain, et dit à Marche-à-Terre : — « Ce jeune homme-là voudrait pouvoir faire une guerre régulière à la République ! »

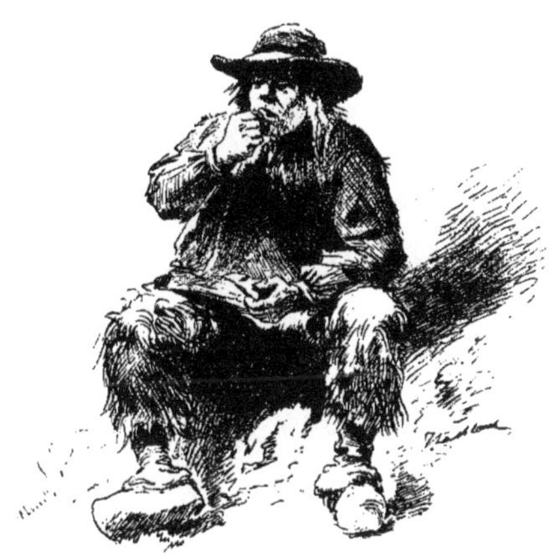

No 13.

23. Tout-à-coup l'ecclésiastique courut à un soldat qui restait en arrière. — « Eh bien, Gudin ! s'écria-t-il, entêté, tu vas donc avec les bleus ? Mon enfant, y penses-tu ? — Oui, mon oncle, répondit le caporal, j'ai juré de défendre la France. »

24. « C'est l'abbé Gudin! » crièrent plusieurs hommes. A ce nom respecté, tous les chapeaux furent ôtés, les chouans s'agenouillèrent devant le prêtre et lui demandèrent sa bénédiction, que l'abbé leur donna gravement.

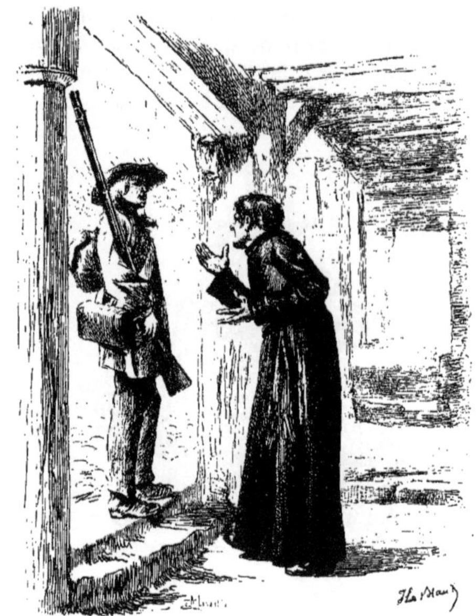

N° 23.

25. Le voyageur taciturne, exhumé de sa cachette par les deux chouans, se trouvait agenouillé dans un genêt. — « Qui es-tu? » lui demanda Marche-à-Terre d'une voix sinistre. Le voyageur gardait le silence, lorsque Pille-Miche recommença la question en lui donnant un coup de crosse.

26. Le commandant Hulot et le capitaine Merle.

27. A quelques pas de là, plusieurs soldats s'étaient attroupés devant la proclamation affichée sur le mur.

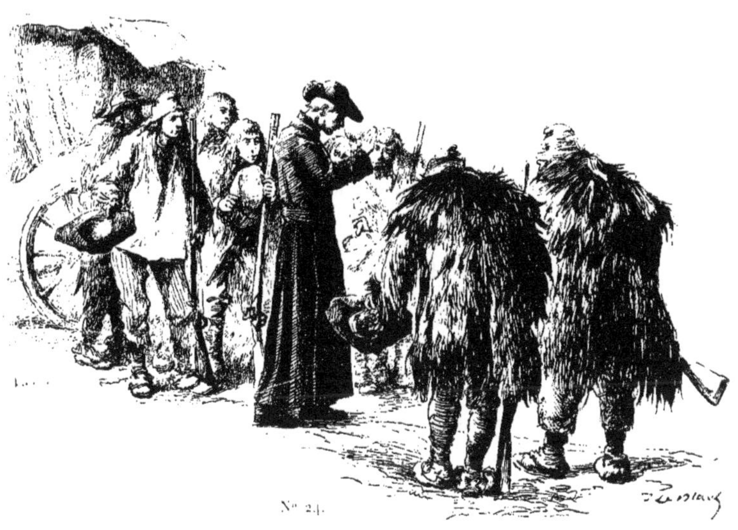

N° 24.

28. « L'adjudant s'est moqué de nous, reprit Beau-Pied. Ce papier-là veut dire que notre général d'Italie est passé consul, ce qui est un fameux grade, et que nous allons avoir des capotes et des souliers. »

29. Troupe en marche escortant une vieille malle traînée par des chevaux de poste.

30. Un petit homme sec et maigre (Corentin) caracolait, tantôt en avant, tantôt en arrière de la voiture.

31. Marie de Verneuil et Francine dans la voiture.

32. En passant devant le commandant, elle lui cria d'une voix douce : — « Nous nous retrouverons à l'auberge, commandant. Venez m'y voir ». — C'est cela, répliqua le commandant : « A l'auberge! Venez me voir ! » Comme çà vous parle à un chef de demi-brigade..... » Et il montrait du poing la voiture, qui roulait rapidement sur la route.

33. Le Gars devant mademoiselle de Verneuil et Francine, à l'auberge des *Trois-Maures.*

34. Madame du Gua et le Gars en présence de mademoiselle de Verneuil, de Corentin et de Francine.

35. Francine habillant mademoiselle de Verneuil.

36. Madame du Gua, mademoiselle de Verneuil et le Gars déjeunant à l'hôtel des *Trois-Maures.*

37. « Qu'as-tu donc, commandant? Est-ce que tu me connaîtrais? reprit brusquement le jeune homme. — Peut-être, répondit le républicain. »

38. Le commandant, pétrifié, rendit cette lettre contresignée des ministres, et qui enjoignait à toutes les autorités d'obéir aux ordres de cette mystérieuse personne; mais il tira son épée du fourreau, la prit et la cassa sur son genou, et jeta les morceaux.

39. **Mademoiselle de Verneuil,** allant vers le jeune officier, lui jeta un de ces regards passionnés qui enivrent, lui prenant les deux mains, l'attirant à elle et le menant au jour par un geste de coquetterie pleine de malice.

40. **Cette étrange circonstance** éveilla la curiosité de Francine, qui s'élança dans la cour, se glissa le long des murs, et tâcha de se cacher derrière la porte de l'écurie.

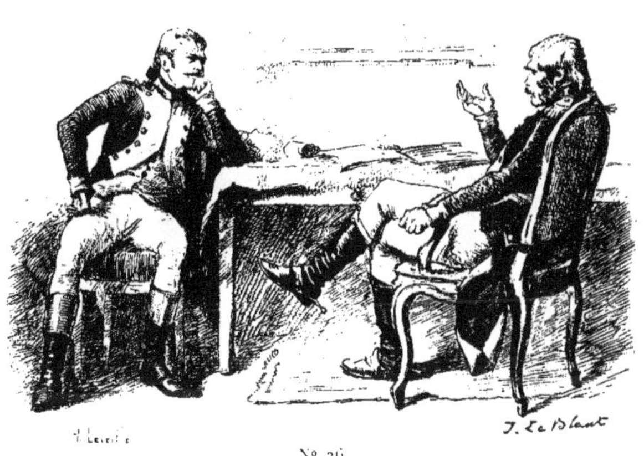

N° 26.

41. « **En route!** s'écria Marche-à-Terre d'une voix rauque : nous avons de la besogne. » Une trentaine de chouans qui dormaient dans les râteliers et dans la paille levèrent la tête, virent Marche-à-Terre debout, et disparurent aussitôt par une porte qui donnait sur les jardins et d'où l'on pouvait gagner les champs.

42. **Le jeune marin (le Gars)** aperçut une longue côte à monter, et proposa une promenade à mademoiselle de Verneuil.

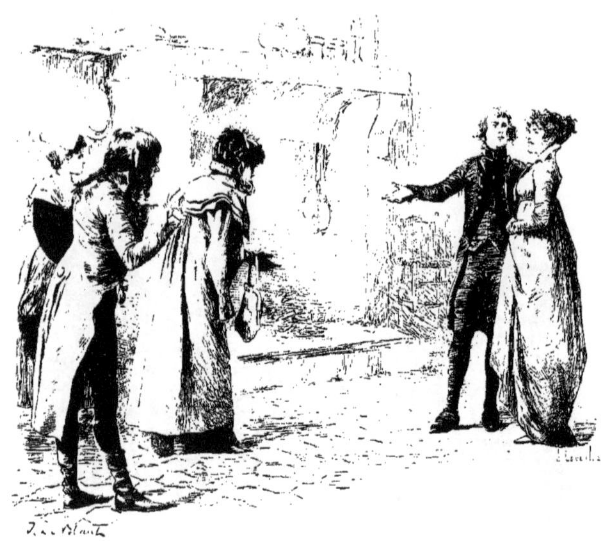

N° 34.

43. **Marie s'arrêta,** toisa l'élève d'abord d'un air empreint d'une double expression de crainte et de curiosité; puis elle cacha sous un calme impénétrable les sentiments qui l'agitaient, et montra que, pour une jeune fille, elle avait une grande habitude de la vie.

14. **Ce singulier caprice** d'une fille pour laquelle il aurait alors sacrifié sa vie surprit tellement l'inconnu, qu'il inventa une déplorable ruse pour tout à la fois cacher son nom et satisfaire la curiosité de mademoiselle de Verneuil.

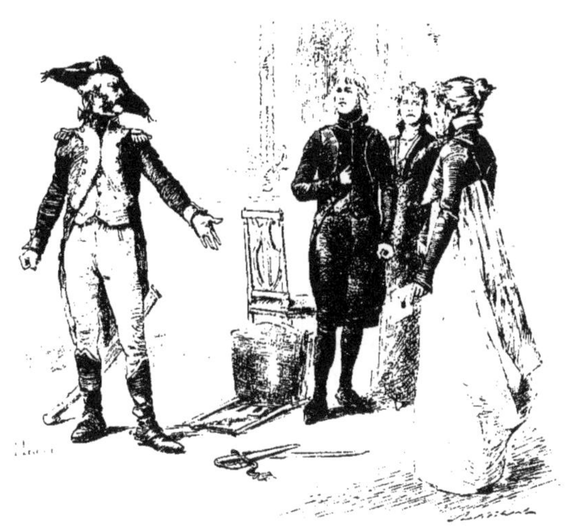

N° 38.

15. **Là, Francine** aperçut et montra à Marie de Verneuil d'étranges figures qui semblaient se mouvoir comme des ombres à travers les arbres et dans les ajoncs dont les champs étaient entourés.

16. **« Où sommes-nous? »** demanda Marie de Verneuil au capitaine Merle, qui se tenait toujours à une certaine distance de la voiture.

47. **Les voyageurs** laissèrent les bleus gagner lentement, à leur suite, le manoir, dont les faîtes grisâtres apparaissaient et disparaissaient tour à tour entre les arbres de cette route, où quelques soldats restèrent occupés à disputer leurs souliers à sa forte argile.

48. **La voiture** entra dans la grande cour du château de la Vivetière.

49. **Le groupe de gentilshommes** se partagea en deux haies pour les laisser passer (le marquis de Montauran et mademoiselle de Verneuil), et tous essayèrent d'apercevoir les traits de l'inconnue.

50. **Comme un roi** dans sa cour, il (Montauran) alla de groupe en groupe, distribua de légers coups de tête, des serrements de mains, des regards, des paroles d'intelligence ou de reproche...

51. **Mademoiselle de Verneuil** et le marquis de Montauran. — « Vous êtes ravissante ! N'essayez pas d'endoctriner ces messieurs, je serais sans soldats. — Ah ! si vous vouliez me laisser vous convertir, nous irions à mille lieues d'ici. »

52. **Francine et Marche-à-Terre.** — « Mais souviens-toi que cette belle et noble demoiselle est ma bienfaitrice ; elle est aussi la tienne, et nous vivons quasiment comme deux sœurs. »

53. **« Viens-tu faire ta ronde ?** Je vais à droite, moi, lui dit Beau-Pied. — Eh bien ! je prendrai la gauche », répondit son camarade (la Clef-des-Cœurs).

54. **Le guet-apens de la Vivetière.** — Pille-Miche visait Gérard, Marche-à-Terre tenait Merle en respect.

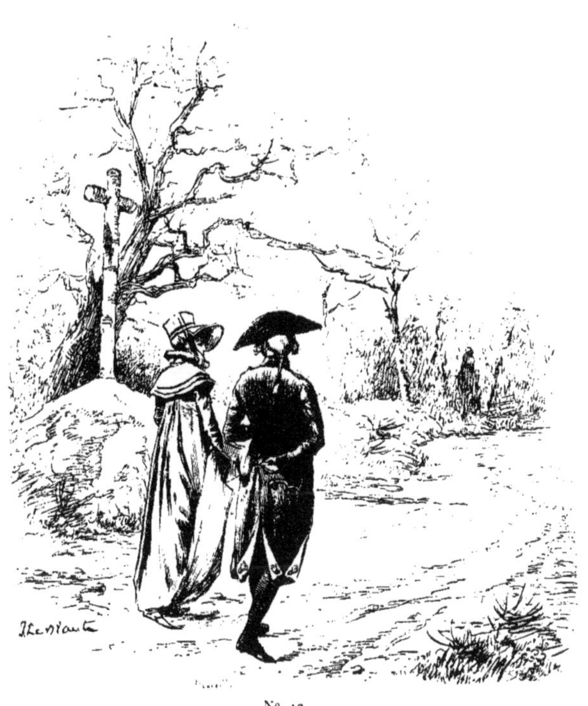

N° 42.

55. **Elle saisit l'épée,** la brandit sur le marquis, la lui enfonça jusqu'à la garde. Mais, l'épée ayant glissé entre le bras et le flanc, le Gars arrêta Marie par le poignet.

56. **En voyant** dans la main du capitaine (Merle), qui avait fait le geste de montrer le gant du Gars, cette sauvegarde sacrée, il (Pille-Miche) resta stupéfait.

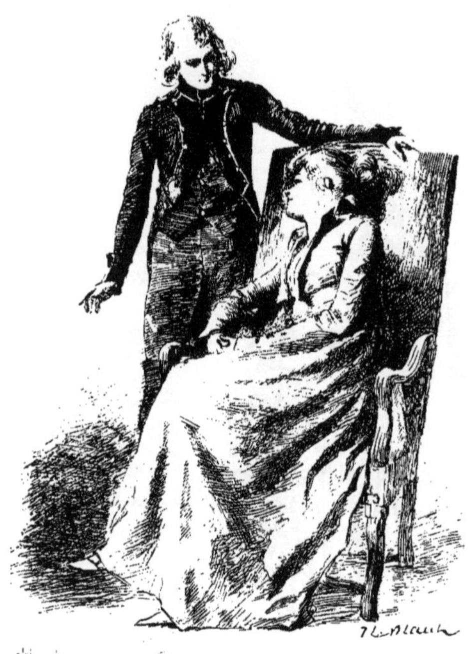

N° 51.

57. **« Mais la voiture,** à qui *qué* sera ? reprit Pille-Miche en se ravisant. — A moi ! » s'écria Marche-à-Terre d'un son de voix terrible qui annonça l'espèce de supériorité que son caractère féroce lui donnait sur tous ses compagnons.

58. De là, elle (madame du Gua) put distinguer, aux derniers rayons de la lune qui se couchait, la calèche gravissant l'avenue de pommiers avec une célérité incroyable.

59. Marie de Verneuil et le commandant Hulot. — « Vous venez, me dit-elle, me demander compte de vos amis ? Ils sont morts. — Je le sais, répondit Hulot. Ce n'est pas au service de la République ! »

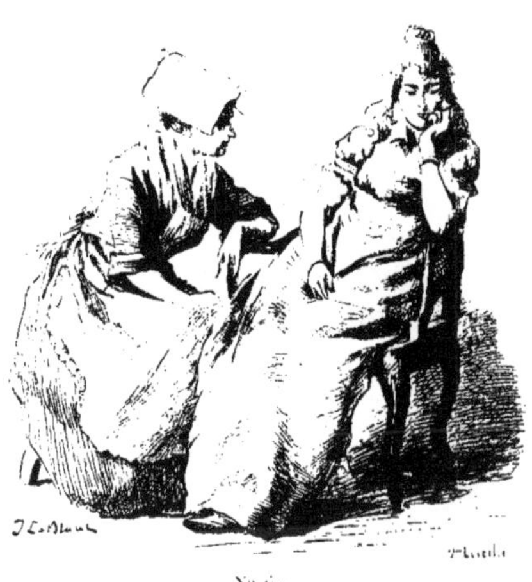

N° 60.

60. « Voilà donc cette vie que je désirais ! » s'écria mademoiselle de Verneuil quand elle se trouva seule avec Francine...

61. Vue de la ville de Fougères.

62. Marie, de la Promenade, admire la vallée du Couësnon.

63. **Mademoiselle de Verneuil** s'élança dans les petits sentiers tracés par les chèvres et leurs pâtres sur le versant de la Promenade, gagna l'escalier de la Reine...

64. **Cette exclamation** ou plutôt ce cri terrible partit du groupe, quand un des trois chouans montra du doigt les formes sveltes et le visage pâle de mademoiselle de Verneuil, qui se sauvait avec une effroyable rapidité, sans qu'ils entendissent le moindre bruit.

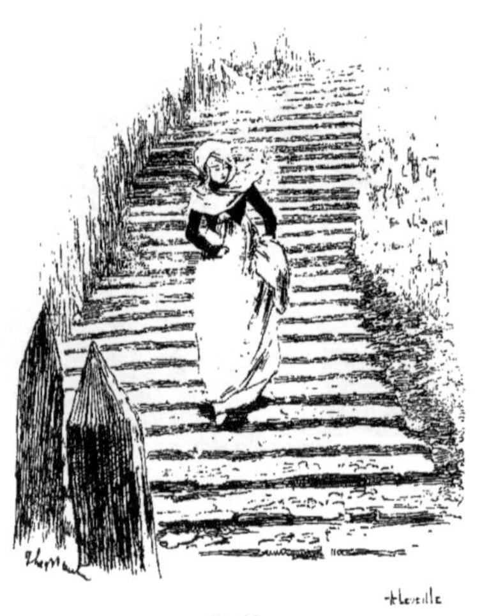

N° 63.

65. **La victime** (M. d'Orgemont) jeta un cri aigu, comme si elle eût espéré se faire entendre par delà les voûtes et attirer un libérateur. — « Oh ! vous pouvez chanter à gogo, monsieur d'Orgemont ! ils sont tous couchés là-haut... »

66. « Mes amis, déliez-moi... Que voulez-vous? cent écus, mille écus, dix mille écus, cent mille écus?... »

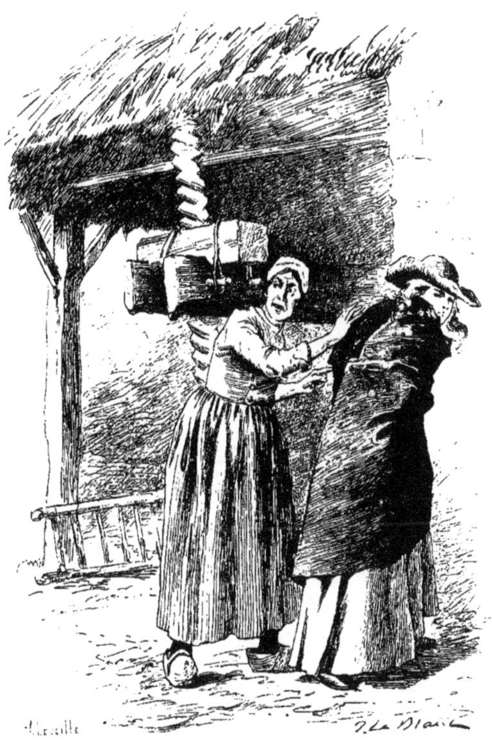

N° 71.

67. « Ils prient, les imbéciles! s'écria d'Orgemont. — N'avez-vous pas peur, dit mademoiselle de Verneuil en interrompant son compagnon, de faire découvrir notre...? »

68. Le geste du vieil avare produisit un effet tout contraire à celui qu'il en attendait. Mademoiselle de Verneuil regarda soudain devant elle, et vit dans un angle une sorte de construction dont la forme lui arracha un cri de terreur...

69. « Songez, interrompit mademoiselle de Verneuil, que je viens d'entendre retentir là une voix dont un seul accent a pour moi plus de prix que toutes vos richesses. »

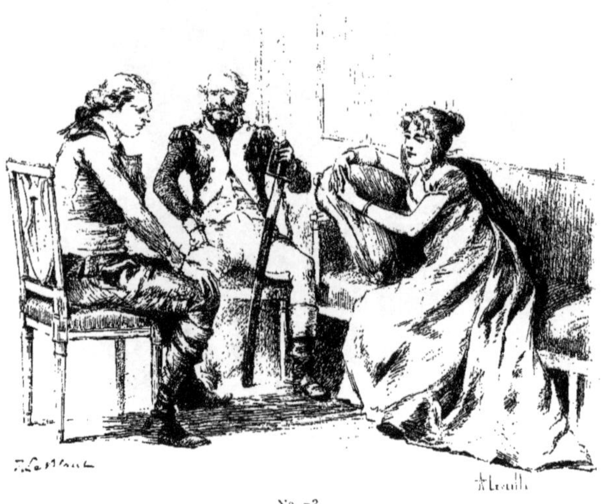

N° 73.

70. Elle (mademoiselle de Verneuil) aperçut de loin une étable, et jugea qu'elle dépendait de la maison de Galope-Chopine...

71. Mademoiselle de Verneuil et Barbette.
« Où allez-vous me mettre? car voici les chouans...
— Là, dit Barbette, là! dans la cachette du prêtre. »

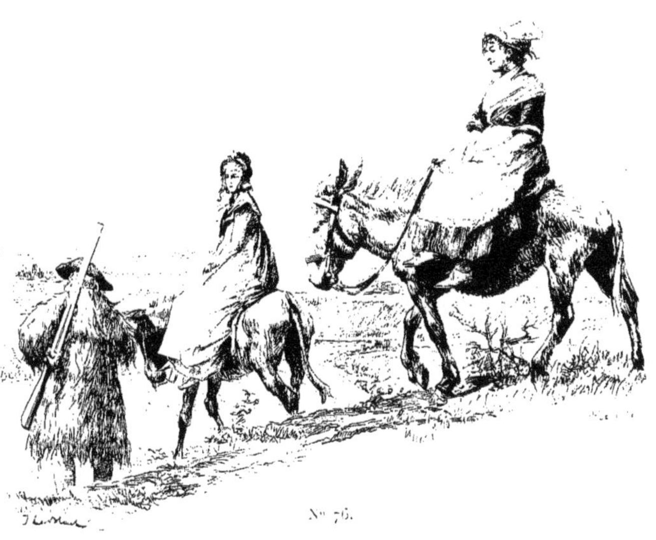

N° 76.

72. Il allait infailliblement voir les pieds de la réfugiée, qui, dans ce moment désespéré, saisit le fusil, sauta vivement dans la chaumière et menaça le comte de Bauvan.

73. Mademoiselle de Verneuil, devant le commandant Hulot, interroge le comte de Bauvan.

74. Le comte de Bauvan fléchit un genou. — « Mamoiselle, s'écria-t-il, je vous supplie de m'accorder mon pardon, quelque indigne que j'en sois. »

75. Corentin et le commandant Hulot attendent Marie de Verneuil devant la porte Saint-Léonard.

76. Galope-Chopine évita soigneusement la grande route, et guida les deux étrangères (mademoiselle de Verneuil et Francine) à travers l'immense dédale des chemins de traverse de la Bretagne.

77. Après de pénibles fatigues, les voyageurs atteignirent, au lever du soleil, les bois de Marignay.

78. Mademoiselle de Verneuil se retourna pour regarder Francine, et ne fut pas médiocrement surprise de lui voir partager cet enthousiasme, car elle disait dévotement son chapelet.

79. « Oh ! oh ! mon fusil pourra rater si je tire sur des oiseaux, mais sur des bleus... jamais ! » dit Galope-Chopine.

80. Mademoiselle de Verneuil tira brusquement son poignard et le montra à la Bretonne, effrayée...

81. « Qu'y a-t-il donc, messieurs ? dit le jeune chef (le marquis de Montauran) en examinant tous les visages. — Il y a, monsieur le Marquis, répondit un célèbre contrebandier, que vous venez fort à propos. »

82. Le jeune chef, qui se tenait debout devant la cheminée, jeta la lettre dans le feu, où elle fut consumée en un clin d'œil. — « Je ne veux plus commander, s'écria le jeune homme, qu'à ceux qui verront un roi dans le roi, et non une proie à dévorer. Vous êtes libres, messieurs, de m'abandonner... »

83. Une voix éclatante annonça : « Mademoiselle de Verneuil ! » Le Comte s'élança vers la porte, offrit la main à la belle inconnue avec les marques du plus profond respect...

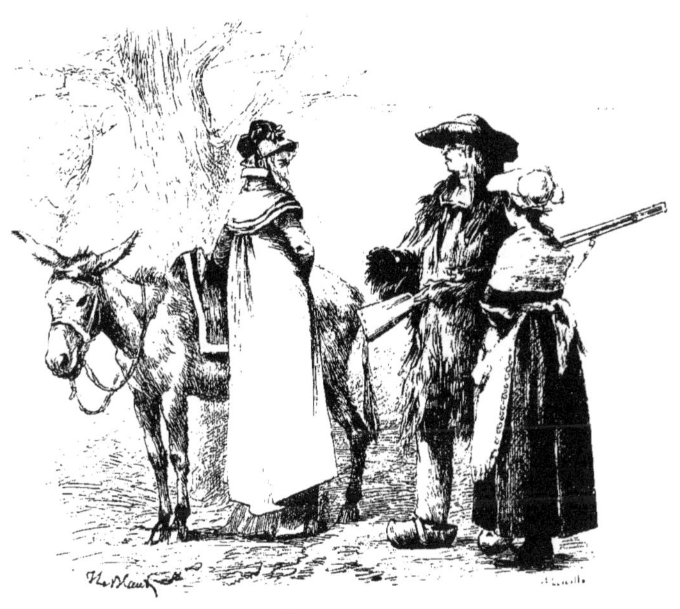

N° 79.

84. Mademoiselle de Verneuil se laissa conduire à une place d'honneur par le comte, qui la fit asseoir près de madame du Gua, à laquelle elle rendit un léger salut de protection...

85. **Il se baissa vers le foyer,** saisit un bout de tison et le serra violemment. Une si folle action avait ébranlé le cœur de Marie, car en amour il n'y à rien de plus persuasif qu'une courageuse bêtise.

86. **Ce fut** après avoir contemplé son amant par un regard empreint de la plus profonde douleur qu'elle lui dit ces affreuses paroles : — « Tout ce que vous avez soupçonné de moi est vrai ! »

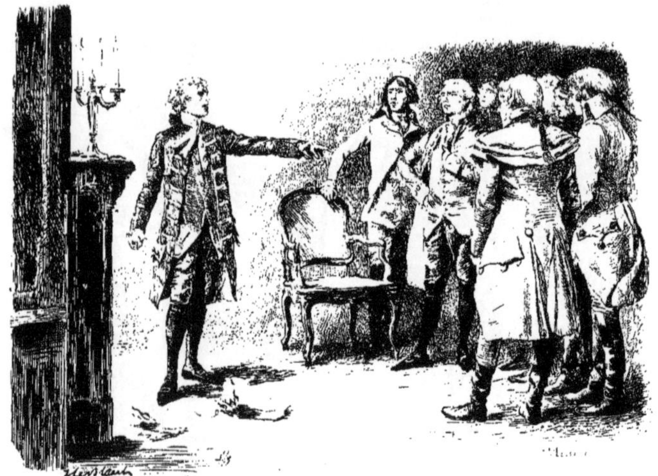

N° 82.

87. **Mais elle** (Marie) examina le marquis avec une curiosité mêlée de doute, et le vit marchant sans savoir où il allait, comme un homme accablé.

88. **Le commandant Hulot et Corentin.** — « Tu me permettras de préférer mon métier au tien », répliqua sèchement le militaire.

89. La voix caverneuse de Galope-Chopine ne trahit aucune émotion, et ses yeux verts, ombragés de gros sourcils grisonnants, soutinrent sans faiblir le regard perçant de Corentin. — « Allons, tais-toi. bonhomme. tu n'es pas venu ici vendre du beurre... »

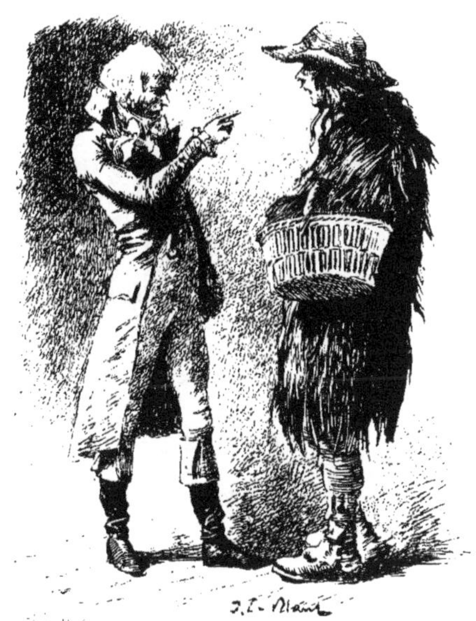

N° 89.

90. « Corentin, reprit-elle, j'espère que vous allez me laisser faire ma toilette. — Marie..., dit-il, oui, permettez-moi de vous nommer ainsi... vous ne me connaissez pas encore ! »

91. **Le Commandant** dit au jeune Fougerais (Gudin) de choisir une douzaine de ses compatriotes les mieux dressés au difficile métier de contre-chouan, et lui ordonna de se diriger par la porte Saint-Léonard...

92. **Le petit gars** et sa mère levèrent la tête...

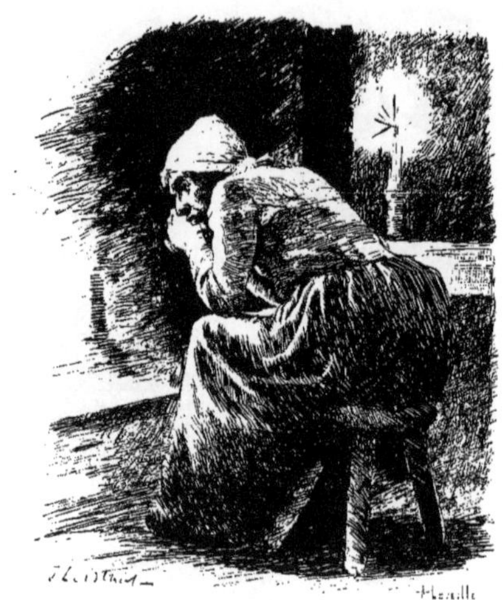

N° 96.

93. « **Eh bien !** tenez, répliqua la femme, voyez-vous cette fumée là-bas ? C'est ma maison. »

94. **Marie de Verneuil et le Gars.** — « Partir, cher ange !... Je vous suivrai. — Me suivre ! y pensez-vous ?... Et les bleus ? »

95. « Sors la première, lui dit-il, tu me préserveras. » En entendant ce mot, pour elle sublime, elle se plaça tout heureuse en face de la porte, pendant que le marquis armait son tromblon. Après avoir mesuré l'espace qui existait entre le seuil de la cabane et le gros tronc d'arbre, le Gars se jeta devant les sept bleus, les cribla de sa mitraille et se fit un passage au milieu d'eux.

96. Le petit gars trouva sa mère assise sur une escabelle.....

97. « Mes chers camarades, reprit Galope-Chopine devenu blême, je ne suis pas en état de mourir. Me laisserez-vous partir sans confession ? Vous avez le droit de prendre ma vie, mais non celui de me faire perdre la bienheureuse éternité. — C'est juste », dit Marche-à-Terre en regardant Pille-Miche.

98. Barbette et son enfant effrayés devant la tête de Galope-Chopine accrochée sanglante à la porte de leur maison.

99. Barbette attisa le feu des fagots, et son gars l'aida à les couvrir de genêts verts chargés de givre, afin d'en rendre la fumée plus forte.

100. Vingt fois mademoiselle de Verneuil avait soulevé les rideaux.

101. « Pourquoi trahis-tu ton parti ? dit vivement Hulot... — Ah ! monseigneur le Général, voyez le pied de mon gars ! eh bien, il est trempé dans le sang de mon homme, tué par les *chuins*... »

102. Ils se regardèrent tous deux en silence. — « Je suis perdue ! se disait mademoiselle de Verneuil. — Elle me trompe ! » pensait Corentin.

103. Mademoiselle de Verneuil et Francine. — « Vous lui pardonnez, vous ne le livrerez pas ? — Tais-toi, ne me parle pas de cet homme-là. »

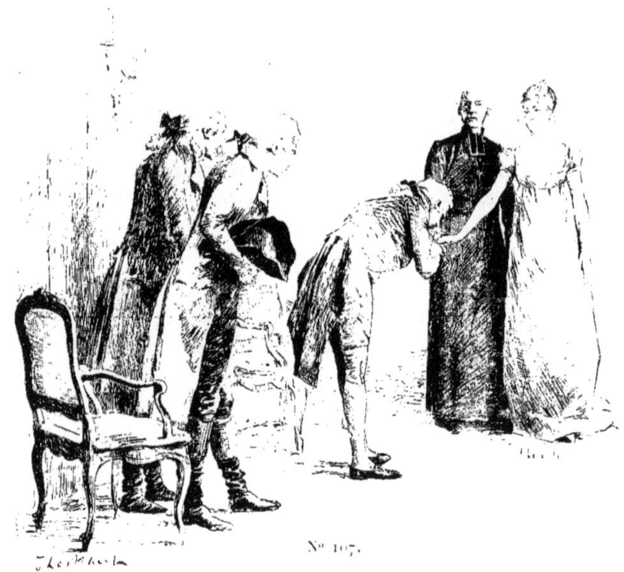

N° 107.

104. « Gudin ? » cria le commandant. — Aussitôt le jeune Fougerais s'élança du milieu de la troupe revenue avec Hulot, et qui avait gardé ses rangs à une certaine distance. — « Écoute, mon garçon », lui dit le vieux militaire à voix basse...

105. **Lorsque Hulot arriva** sur la promenade, Corentin lui montra dans l'ombre la singulière position occupée par les chouans.

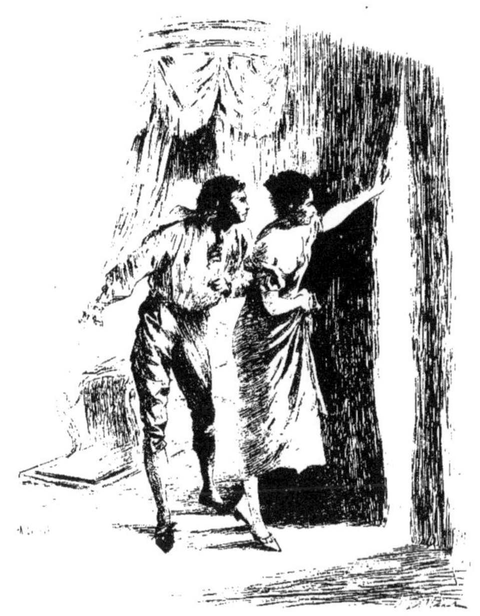

N° 108.

106. **En ce moment,** le fils de Galope-Chopine se trouva au milieu d'eux comme un rat qui serait sorti de terre. — « Le Gars est en route ! s'écria-t-il. — Par où ? — Par la rue Saint-Léonard. »

107. **Mademoiselle** vint s'offrir à tous les regards en s'appuyant sur le bras de ce vieux prêtre à cheveux blancs. — Elle tendit sa main au marquis.....

108. **Et, tressaillant d'horreur,** elle s'élança hors du lit; le marquis, étonné, la suivit; sa femme l'amena près de la fenêtre.

109. **Hulot prit l'espion** par le bras, de manière à lui laisser l'empreinte de ses ongles dans la chair, et lui dit : — « Puisque ta besogne est finie par ici, fiche-moi le camp ! »

110. **Les Armes de Vendée.** Devant, un chouan tombé la face contre la terre.

111. **Un chouan debout,** son fusil dans les bras.

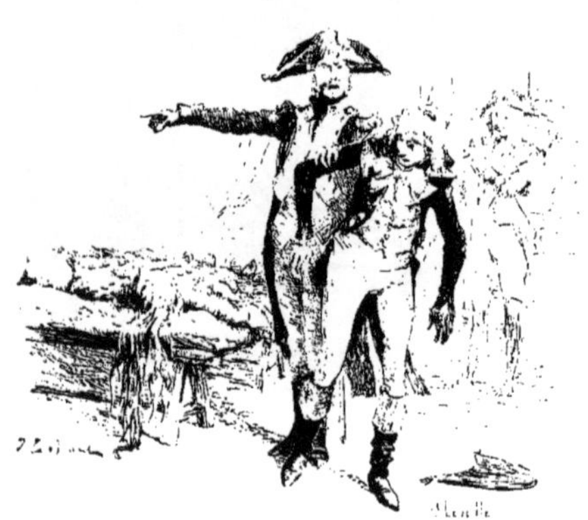

N° 109.

Paris. — Typ. G. Chamerot. — 27063

www.ingramcontent.com/pod-product-compliance
Ingram Content Group UK Ltd.
Pitfield, Milton Keynes, MK11 3LW, UK
UKHW020510180726
13839UKWH00005B/2003